HANS SONNTAG

JÜRGEN KARPINSKI

Meissener Porzellan

EINE KLEINE

GALERIE

FLECHSIG

Inhalt

Allegorie des Sommers aus einem Tafelaufsatz (Gewürzgarnitur)
von Friedrich Elias Meyer

18. JAHRHUNDERT
Das galante Zeitalter

Das 18. Jahrhundert umfaßt die Erfindungsgeschichte des europä-ischen Hartporzellans, die Einrichtung der ersten Porzellanmanu-faktur Europas in der Albrechtsburg zu Meißen (seit 1710), die Entwicklung der einbrennbaren Porzellanmalfarben, die Schaf-fung in Form und Dekoration einheitlich gestalteter Service und die bezaubernde Welt der kleinplastischen Kunstwerke. Eingebettet darin die Künstler, die sich mit dem neuen Werkstoff PORZELLAN *beschäftigten, Eigenschaften und Gestaltungsmöglichkeiten dieses extrem formbaren Materials erkundeten und schließlich Maß-stäbe setzten auf dem Gebiete der Feinkeramik. Das Schaffen von Johann Gregorius Höroldt (1696–1775), Maler und Farben-chemiker, und Johann Joachim Kaendler (1706–1775), Bildhauer und Porzellangestalter, wurde maßgeblich geprägt von der Nach-frage der absolutistischen Hofgesellschaft nach Porzellanen, die ihren Repräsentationsanforderungen entsprachen, ihren luxuriö-sen Lebensbedürfnissen und ihrer prunkvollen Selbstdarstellung. In den Meissener Porzellanen des 18. Jahrhunderts leben Traditio-nen Ostasiens weiter, aber auch die Kunst der europäischen Gold- und Silberschmiede sowie von Töpfern und Konditoren, denn die alten Handwerkskünste waren das Fundament, auf dem die Porzellanmacher aufbauen konnten. Die Porzellane des 18. Jahr-hunderts spiegeln die prachtvolle Welt der Hofgesellschaft, doch er-langten sie schließlich auch das Interesse der bürgerlichen Gesell-schaftsschicht.*

*August der Starke in »deutscher Rüstung« (Böttgersteinzeug, links)
und in »römischem Gewand« (rechts)*

August der Starke als König des Schachs

August der Starke gilt als »spiritus rector« der europäischen Porzellanerfindung. Unter seiner Herrschaft wurde nicht nur zielgerichtet und erfolgreich auf diesem Gebiete geforscht, er gründete auch die erste europäische Porzellanmanufaktur 1710 in Meißen. Mit 24 Jahren folgte Friedrich August seinem verstorbenen Bruder auf dem kurfürstlichen Thron. Da er in der Dynastie der Wettinischen Kurfürsten (seit 1423) der erste dieses Namens war, wurde er als Kurfürst Friedrich August I. von Sachsen genannt. 1697 erfolgte seine Krönung zum König von Polen mit der dynastischen Bezeichnung August II.. Der Manufakturinspektor Johann Melchior Steinbrück berichtet, Johann Friedrich Böttger habe im Jahre 1713 die Herstellung eines vom König verlangten Schachspiels veranlaßt, wobei eigentlich zwei Schachspiele geplant waren, eines aus Edelsteinen und eines aus Porzellan. Für die Figur des Königs im Porzellanschachspiel habe Böttger zwei Königsbilder bzw. Statuen von August II. anfertigen lassen, die ihn in römischem Gewand bzw. in deutscher Rüstung darstellen. Die »romanische Kleydung« der Statuette stellt Augusts Krönungsornat in Krakau dar: Er trägt einen Küraß, darunter römische Schurzhosen, das römische Feldherrenunterkleid mit römischen Sandalen sowie einen gefütterten Mantel. Als Künstler dieser Statuetten gilt Johann Joachim Kretzschmar.

Aus dem Chursächsischen Wappen geboren
Die gekreuzten »Blauen Schwerter«

Im Jahre 1722 unterbreitete der Manufakturinspektor Johann Melchior Steinbrück den Vorschlag, für die Kennzeichnung der Meissener Porzellane »etwas aus dem chur. sächs. Wappen, als etwa die Chur-Schwerter zur Markierung zu nehmen, denn daraus hätten die frembden Nationes gesehen, daß die damit gekennzeichneten Waren im Churfürstenthumb Sachßen fabriciret wurden.« Zwischen November 1722 und Dezember 1728 wurden darauf die gekreuzten »Blauen Schwerter« gelegentlich, aber noch nicht systematisch als Kennzeichnung der Meissener Porzellane verwendet. Der Kurfürst -König August der Starke mußte 1729 und 1731 die Anwendung der Markierung erst mehrfach befehlen. Doch schließlich setzte sich das Markenzeichen durch und wurde weltbekannt. Die Markierung erfolgt in der Regel auf dem verglühten Scherben (dem gebrannten Rohling). Anschließend muß das Stück glasiert und bei 1400°C glattgebrannt werden. Das Markenzeichen, nebst Zusätzen wie Sterne, Striche, Punkte, Ziffern usw., hält somit nur den Zeitraum der Herstellung der Weißware fest. Im Idealfall stimmt die Zeit des Dekorierens damit überein. Für eine relativ exakte Datierung der Porzellane reicht jedoch das Markenzeichen allein nicht aus. Fälschungen, Verfälschungen, Nachahmungen und Imitationen von Formgebung und Dekoration sowie angleichende, ähnliche und damit täuschende Markenzeichen seitens anderer Hersteller kann nur der Fachmann sachkundig klären.

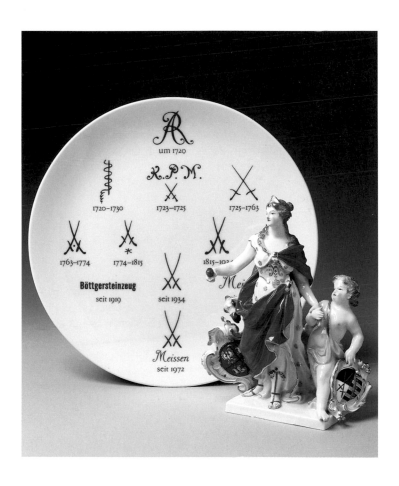

Wappenhalterfigur und Meissener Markenzeichenteller

Teile aus einem Teeservice mit gelbem Fond und Chinoiserien

Ex oriente lux
Aus dem Osten kommt das Licht

Die Länder des Fernen Ostens waren für die Europäer des 17. und 18. Jahrhunderts vom Glanze unsagbarer Schönheit und märchenhaften Reichtums gekennzeichnet. In steigendem Umfang kamen von dort Erzeugnisse nach Europa, die wegen ihrer Fremdartigkeit und Kostbarkeit begehrt waren: Gewürze, Früchte, Pflanzen, Stoffe, Lackarbeiten und vor allem Porzellan. Reiseberichte und solche über Religionen, Sitten und Lebensweise in Fernost weckten auf Seiten der Europäer nicht nur Neugier, sondern auch größte Bewunderung. Spiegel dieser Bewegung war die Chinamode. Der Fürst wie der reiche Bürger umgab sich mit den Kostbarkeiten aus Ostasien, sie wurden gesammelt, in die Innenausstattung von Zimmern einbezogen oder in eigenen Räumen zur Schau gestellt. Die neuen Luxusgetränke Kaffee, Tee und Schokolade genoß man stilgerecht aus kostbaren Porzellangefäßen. Nachdem im Jahre 1708 durch J. F. Böttger die Erfindung des europäischen Hartporzellans in Sachsen gelungen war, bildeten zunächst ostasiatische Porzellane in Form und Dekoration die Modellvorlagen. 1720 wurde Johann Gregorius Höroldt (1696–1775), Maler und Farbenchemiker in der Meissener Manufaktur, aufgefordert, so viel wie möglich »indianische Stücke zu imitieren«. Die für die Meissener Manufaktur charakteristischen »Indianischen«-Dekore entwickelte er zwischen 1720 und 1725 nach japanischen Mustervorlagen, die in der Sammlung Augusts des Starken in Dresden vorhanden waren.

Dekor »Drachenmuster, rot, goldschattiert«

Symbole der Harmonie und Macht

Das Service mit dem »Roten Drachen« entstand um 1730 und erscheint 1731 erstmals im Preisverzeichnis der Meissener Manufaktur. Der Drache wurde bereits im 7. Jahrhundert in China als Fruchtbarkeits- und Glückssymbol, aber auch als Zeichen der kaiserlichen Macht in Bilddarstellungen verehrt. Er ist das Wappentier des »Himmelssohnes«, des chinesischen Kaisers. Der Drache gehört zu den »vier heiligen Tieren« Chinas, er kennzeichnet auch die Himmelsrichtung des Ostens und die Jahreszeit des Frühlings. Der »Feng-huang«-Vogel (eine Mischung aus Pfau und Fasan), der hier den Drachen begleitet, galt in China als Wappentier der Kaiserin. Ebenfalls eines der »vier heiligen Tiere« der chinesischen Mythologie, repräsentiert er die Himmelsrichtung des Südens und die Jahreszeit des Sommers. Zugleich ist er ein Friedens- und Glückssymbol, seine langen Schwanzfedern versinnbildlichen die fünf Tugenden: Treue, Disziplin, Güte, Weisheit und Vertrauen. Nur wenn Frieden und Harmonie herrschen, erscheint er auf der Erde. Die Farbe Rot gilt als dämonenabwehrend und schutzbringend, darüber hinaus symbolisiert sie den Osten. Gelb (Gold) ist die Farbe der kaiserlichen Macht. Die japanischen Prozellanmaler übernahmen das Motiv aus China und die Meissener Manufaktur wiederum kopierte vorwiegend die japanischen Kakiemon-Exportporzellane. Bis 1918 war diese Dekorgestaltung dem königlichen Hof in Dresden vorbehalten, daher auch die Bezeichnung »Hofdrachen«-Service.

Zwiebeln, die keine sind

Das »Zwiebelmuster« stellt in Wahrheit keine Zwiebeln dar, sondern jeweils vier Granatäpfel und vier Pfirsiche, Symbole der Fruchtbarkeit und Langlebigkeit. Die Dekoration beruht auf einem geometrischen Gebilde, das sich nicht sofort optisch erschließt. Der Kreis ist eine uralte Ornamentform mit kosmologischer Bedeutung. Als immer wieder zu sich selbst zurückkehrende Linie ohne Anfang und Ende galt er als Zeichen der Unendlichkeit, des Kosmos, der immerwährenden Zeit. Verbindet man jeweils vier gleiche Früchte durch eine Linie, entsteht ein Quadrat, Symbol des begrenzten menschlichen Raumes, der Erde, die sich in vier Himmelsrichtungen ausdehnt und deren Zeitablauf sich nach den vier Tages- und Jahreszeiten richtet. Verbindet man alle acht Früchte miteinander, entsteht ein Achteck, ein Vermittlungsprinzip zwischen Kreis und Quadrat, es versinnbildlicht die Harmonie zwischen Himmel und Erde. Im Mittelpunkt der Dekoration befinden sich Bambus und Lotosblüte als Sinnbilder des Männlichen und Weiblichen, die alle Dinge durchdringen. Das Meissener Zwiebelmuster entstand nach einem etwas anders strukturierten chinesischen Vorbild, das die »Drei gesegneten Früchte« beinhaltete: Pfirsich, Granatapfel und Zitrone (eine gestreifte Melonen- bzw. Tigerzitrone als Fruchtvariante). Letztere verschmolz mit dem Granatapfel in der Meissener Gestaltung zur fälschlichen Zwiebel. Den Malern der damaligen Zeit waren die seltenen Früchte sicherlich unbekannt, aber in den höfischen Orangerien wurden diese Pflanzen kultiviert.

Teller mit dem Dekor »Zwiebelmuster« (vorn) und dem Dekor »Zwiebelmuster nach Dr. Spitzner«

Das Schwanenservice
Die Hochzeit von Neptun und Amphitrite

Die Gestaltung des berühmten Schwanenservice für Heinrich Graf von Brühl (1700–1763) steht in unmittelbarer Beziehung mit dem Bau einer Vielzahl von barocken Brunnenanlagen und eines der schönsten und prächtigsten Palais in Dresden. Brühl ließ seinen Sommersitz in der Dresdener Friedrichstadt in zwei Bauphasen errichten, von 1736 bis 1741 und 1742 bis 1748. Im Garten eben dieses Palais schuf der italienische Bildhauer Lorenzo Matielli einen Neptunbrunnen von erlesener Schönheit nach einem Entwurf von Zacharias Longuelune. Mit dem Schwanenservice, entstanden zwischen 1737 und 1741, entwickelte Johann Joachim Kaendler ein ästhetisches Bildprogramm, das die Welt des Wassers als eines der vier Elemente des Lebens allegorisierte. Die Motive Muschel und Schwan kennzeichnen die Eckpunkte des Lebens: Geburt und Tod. Die Muschel steht sinnbildlich für die Geburt der Aphrodite (Göttin der Liebe), die Schwäne symbolisieren nach den Metamorphosen des Ovid die Verwandlung im Tod. Die Hochzeit von Neptun und Amphitrite war ein allgemeines Sinnbild für den Zenit des Lebens. Der kluge Delphin bringt die schöne Meeresgöttin im Triumphzug zu Neptun. Dieses prunkvolle Service kennzeichnet einen Höhepunkt in der spätbarocken Gefäßgestaltung der Meissener Manufaktur und gleichsam den Sieg des Plastikers Kaendler über die Porzellanmalerei der damaligen Zeit unter der Leitung von Johann Gregorius Höroldt.

*»Amphitrite auf dem Delphin«, Terrinendeckel
aus dem Schwanenservice*

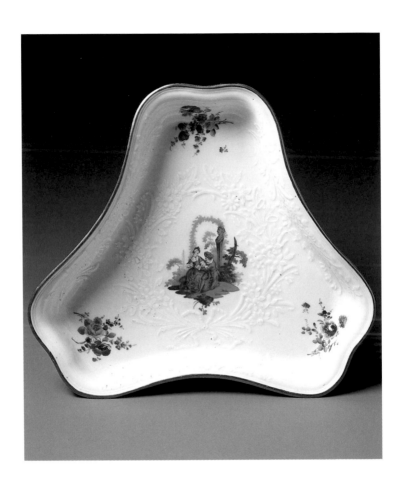

Schale mit kupfergrüner »Watteaumalerei« und buntem Blumendekor

Watteaus galante Lustbarkeiten

Antoine Watteau (1684–1721) war der erste Künstler, der den Titel »Maler der galanten Feste« in Frankreich erhielt. Die Meissener Porzellandekorationen sind jedoch keine Kopien von dessen Gemälden; ihnen liegen vorwiegend grafische Vorlagen (Radierungen, Kupferstiche) zugrunde, die nach den Gemälden Watteaus geschaffen wurden. Den Meissener Porzellanmalern dienten und dienen noch heute diese grafischen Druckwerke als Basis für die überaus individuelle Gestaltung ihrer Dekorationen »nach Watteau«, wobei sie geeignete wesentliche Details auswählen, zusammenfügen oder verändern, um schließlich eine stimmungsvolle Porzellankomposition zu erschaffen, die den Geist und die Anmut der Watteauschen Gemälde atmet: Die Sehnsüchte der höfischen Gesellschaft nach Liebe, Natürlichkeit und Unterhaltung. Alle Parkanlagen des 17. und 18. Jahrhunderts stellten die Traumlandschaft Arkadiens dar, in der die freie, natürliche Liebe regiert; alle Parkfeste der damaligen Zeit setzten dieses Traumland lebensvoll in Szene. Die Meissener Watteaudekore werden mit einer aufwendigen und komplizierten Technik in einer bunten und einer kupfergrünen Version gemalt. Die Ausbildung der Maler, die diese kostbaren Dekorationen zu gestalten vermögen, ist langwierig und setzt ein hohes Maß an künstlerischem Einfühlungsvermögen und Kreativität voraus.

Der Duft der Blumen

Kurz nach 1735 kam es in der Meissener Porzellan-Manufaktur zu einer Abkehr von den stilisierten »indianischen« Blumendekoren ostasiatischer Herkunft. Auf den Gefäßen erschienen nunmehr neben Raupen, Käfern und Schmetterlingen auch europäische Blumendarstellungen, wobei man sich zunächst an botanischen Kupferstichvorlagen orientierte. Johann Wilhelm Weinmanns Werk »Phytanthoza-Iconographia …« mit über 4000 Pflanzendarstellungen diente den Meissener Malern als Vorlage. Motive aus den Werken der berühmten Maria Sibylla Merian wurden ebenfalls verwendet. Bei dieser Dekormalerei sind die botanischen Merkmale der Blumen besonders betont, die verwendeten Farben sind kraftvoll, die lineare Zeichnung ist ausgeprägt. Man bezeichnet diese Dekoration, die mit und ohne Schattenränder gemalt wurde, auch als »trockene«-Blumenmalerei. Im Laufe der Jahre entwickelte sich daraus eine kompositorisch freiere Dekorationsart, die »deutsche Blume«. Zum Einsatz gelangte eine nuancenreiche Farbgebung mit Modellierung und Schattierung der Schnittblumen, oft zu Buketts vereint. 1745 schuf Johann Joachim Kaendler die Serviceform »Neuer Ausschnitt«, die von Blüten- und Blattformen abgeleitet ist. Dafür entstand die Dekoration »blaue deutsche Blume« in kobaltblauer Unterglasurmalerei. Die »deutschen Blumen« wurden schließlich nach einem manufaktureigenen Regelwerk gestaltet; es entfaltete sich die »Manierblumen«-Malerei.

»Kupferstichblumenmalerei« (rechts), »Deutsche Blume, bunt« (Mitte),
»Blaue deutsche Blume« (oben)

Relief »Neumarseille« mit bunter Frucht- und Blumenmalerei

Das Zauberhorn der Amaltheia

Das Relief »Marseille« (entstanden um 1743/45) weist drei Kartuschen mit je zwei Füllhorn-Rahmungen auf. Dieses Füllhornmotiv verweist auf die Welt der Antike, die den gebildeten Menschen des 18. Jahrhunderts bestens vertraut war. In der griechischen Mythologie gehörte das Horn der Ziege Amaltheia, einer tiergestaltigen Nymphe, die den kindlichen Zeus säugte und mit allen lebensnotwendigen Dingen versorgte. Das Füllhorn wurde schließlich als Attribut der Flora und der Glücksgöttin Fortuna zum Symbol unerschöpflicher Gaben, unendlicher Freigiebigkeit und andauernder Fruchtbarkeit. Die symbolische Verwendung dieser Füllhörner, denen die Kraft innewohnt, vor allem Speise und Trank im Überfluß zu erschaffen, war für die Gestaltung eines Porzellandessins nahezu ideal und entsprach vollkommen den geistigen Vorstellungen im 18. Jahrhundert. In die Füllhornmotive konnten die Meissener Porzellanmaler ihre farbenprächtigen, üppigen Blumen- und Früchtedarstellungen hineinkomponieren, so daß eine ästhetische Wirkung entstand, die Natursehnsucht und Antikeverständnis einschloß. Auf den Tafeln standen vielleicht noch die Figuren der Flora und Fortuna, Bacchus und Venus oder Apollon und Daphne. Der Reliefzierrat »Marseille« zählt somit zu den schönsten und sinnvollsten plastischen Porzellanverzierungen des 18. Jahrhunderts, Formgebung und Dekoration entsprachen in höchster Vollendung dem luxuriösen Lebensstil der höfischen Gesellschaft.

Sie spielen auf wider die Vernunft

Die aus 21 Figuren (und einem Notenpult) bestehende »Affenkapelle« gilt als ein Meisterwerk der Meissener Porzellankleinplastik des 18. Jahrhunderts. Johann Joachim Kaendler schuf um 1753 eine erste Fassung dieser musizierenden Affengruppe. Nach dem Siebenjährigen Krieg, um 1765/66, kam es in Zusammenarbeit mit dem Bildhauer Peter Reinicke (1711/12–1768) zu einer gestalterischen Überarbeitung.

Der sächsische Satirendichter Gottlieb Wilhelm Rabener (1714–1771), ein Zeitgenosse und Freund Kaendlers, beschreibt in einem Aufsatz aus dem Jahre 1745 eine Fabel von Aesop bzw. einen Kupferstich von Jean-Jacques Filipart (1719–1782), in denen eine »Affenschule« vorkommt, bei der die als Menschen verkleideten Affen »nur aus Zwang vernünftig thun«. Als Satiriker meinte Rabener damit offensichtlich den höfischen Zwang, die veralteten absolutistischen Lehren und Ansichten, im Gegensatz zum progressiven Gedankengut der Aufklärung, das sich nur langsam in Sachsen durchsetzen konnte. In einem Lexikon von 1732 heißt es: »Der Affe ist Sinn-Bild eines unnützen Menschen, weil er bloß zum Zeitvertreib dienet; eines untüchtigen, der in unverdienten Ehren sitzet, weil er darum kein Mensch wird, ob er schon ein menschlich Kleid anleget ...«. Kaendler benutzt die Affen als Gleichnis mit dem Hinweis, daß nur unter Dressur und Zwang menschenähnliches Verhalten möglich ist.

Figuren aus der »Affenkapelle« von Johann Joachim Kaendler und Peter Reinicke

Zwei Harlekinfiguren mit Deckelkanne von Johann Joachim Kaendler

Der frivole Harlekin:
Joseph Ferdinand Müller

Die Buchstaben »ZM« und die Jahreszahl 1738 auf der zinnernen Weinkanne in Händen dieser Statuetten erinnern an einen berühmten Harlekindarsteller des 18. Jahrhunderts, an den Königlich-Polnischen und Kurfürstlich-Sächsischen Hofkomödianten Joseph Ferdinand Müller. Er war der einstige Widersacher der gleichfalls berühmten Schauspielerin und Theaterreformerin Caroline Neuber (1697–1760), die ihn ob seiner Frivolitäten und derben Hanswurst-Späße von der deutschen Schaubühne verbannen wollte. Müller war jedoch nicht nur Komödiant, sondern auch ein bekannter Stückeschreiber, beliebt bei der Hofgesellschaft wie beim Volk. Die Jahreszahl 1738 verweist auf zwei große Festlichkeiten, die damals in Dresden stattfanden: der fünfte Jahrestag der Krönung des sächsischen Kurfürsten Friedrich August II. zum König von Polen und die Hochzeit der Prinzessin Maria Amalia von Sachsen mit dem König von Sizilien. Zu diesen Anlässen hatte Joseph Ferdinand Müller zwei heroische Schauspiele verfaßt, die mit großem Erfolg in Dresden aufgeführt wurden. Johann Joachim Kaendler schuf bereits um 1740, also nur zwei Jahre nach den genannten Festen, den »Sitzenden Harlekin mit Weinkanne«, und im Jahre 1764 den »Stehenden/Tanzenden Harlekin mit Weinkanne«. Letztere Figur entstand vermutlich als Erinnerung an die Theaterquerelen zwischen J. F. Müller (gest. 1755) und der im Jahre 1760 verstorbenen Caroline Neuber.

Die berühmte Herrschaftsfarbe – Blau

Die prunkvolle Gestaltung des berühmten Service »mit dem blauen Band« bringt bereits die sachlicheren Formen des Klassizismus zur Geltung. Additive Reihungen von Formelementen, glatte Gefäßflächen und streng gestaltete Henkel sind wesentliche Merkmale dieser neuen Stilrichtung. Das blaue Band bzw. der blaue Rand versinnbildlicht imperiale Macht, denn Blau war eine traditionsreiche Herrschaftsfarbe, schon in der Antike war es die Farbe von Zeus und Hera. Nur in der üppigen Dekorationsgestaltung mit Früchten, Blumen und Vögeln orientierte man sich noch an den bewährten Meissener Maltraditionen. Das Service kennzeichnet die stilistische Umbruchphase der damaligen Zeit. Geschaffen wurde dieses Service im Jahre 1777 für den sächsischen Kurfürsten Friedrich August III., seit 1806 Friedrich August I., König von Sachsen. Die Formen für dieses Hofservice entwickelten Michel Victor Acier (1736–1799) und Johann Eliazar Schönau, letzterer schuf auch die aufwendige Dekoration. Schönau/Schenau (eigentlich Zeissig), 1737 geboren, war ein Schüler des Malers Louis de Silvestre. 1773 erhielt er den Titel als Hofmaler. Er lebte 12 Jahre in Paris und war seit 1780 Direktor der Dresdener Kunstakademie. Beide Künstler setzten den neuen, aus Frankreich kommenden Kunststil erfolgreich im Meissener Porzellanschaffen um. Acier kam 1764 an die Manufaktur und übernahm nach Kaendlers Tod im Jahre 1775 dessen Amt als Modellmeister.

*Aus dem Service mit dem »kornblumenblauen Band«
mit Frucht- und Blumenmalerei*

Blumenmalerei nach Julius Eduard Braunsdorf,
vom Impressionismus inspiriert

19. JAHRHUNDERT
Im Zeichen der industriellen Revolution

Die Entwicklung des Meissener Porzellans im 19. Jahrhundert ist zunächst von der Ablehnung der Barock- und Rokokogestaltungen geprägt. Antikisierende Gefäßformen mit glatten Flächen und rechtwinkligen Henkeln, verziert mit Perlschnüren, Eierstäben und Mäanderbändern dominieren. Antike Skulpturen, vorwiegend aus der Dresdener Antikensammlung, dienen als Vorlagen für Porzellan- bzw. Biskuitfiguren. Der klassizistischen Periode folgt die Biedermeierzeit mit ihrer Kleinteiligkeit in Formgebung und Dekoration. Ab Mitte des Jahrhunderts kommt es zu einer Wiederbelebung vergangener Stilepochen, Elemente der Gotik und Renaissance, des Barock und Rokoko finden Eingang in die Porzellangestaltungen, wobei Künstler der Dresdener Akademie besonderen Einfluß auf diese Entwicklung hatten. Auf den Welt- und Industrieausstellungen errangen diese Porzellane ob ihrer Kunstfertigkeit höchste Anerkennung. Naturalismus und Impressionismus wirkten sich besonders in den Dekormalereien aus. Dieses Jahrhundert wird geprägt durch die Auswirkungen der industriellen Revolution, auch in der Manufaktur vollziehen sich zahllose technische und technologische Veränderungen, neue Brennverfahren, neue Farben und Golddekorationen werden entwickelt, Erfindungen anderer Porzellanproduzenten übernommen bzw. modifziert. 1861 erfolgt die Grundsteinlegung zum Bau einer neuen Manufaktureinrichtung im Meißener Triebischtal, ab 1864 verläßt die Manufaktur die Räume der Albrechtsburg.

Der Kult des Schreibens

Dieses klassizistische Schreibgefäß in Gestalt eines Eies (Symbol des neuen Lebens), das in einem antiken Dreifuß ruht, assoziiert nahezu kultisch die Welt des Schreibens, der Literatur, aus deren Mitteilungen Menschenliebe und Menschheitsliebe erwachsen sollte. Die Dekoration dieses Gefäßes mit Rosenkränzen ist augenscheinlicher Ausdruck von Verehrung, wenn nicht gar Huldigung der Antike (Symbol des Kranzes) und der Liebe (Symbol der Rose). Die drei Füße verweisen auf die Dreifaltigkeit aller Natur: Vergangenheit, Gegenwart, Zukunft; Geburt, Leben, Tod usw. Ausgehend vom Ideengut der Aufklärungsbewegung mit ihrem Glauben an den gesellschaftlichen Fortschritt und an die Vervollkommnung des Menschen durch Erziehung, entdeckte das Bürgertum in der griechischen Antike das »Goldene Zeitalter« und im Studium derselben einen Weg zur Verwirklichung dieses Ideals. Bereits 1755 hatte Johann Joachim Winckelmann mit seinem Werk »Gedanken über die Nachahmung der griechischen Werke in Malerei und Bildhauerkunst« eine Art Programmschrift für den Klassizismus verfaßt. Ausgrabungen in Herculaneum (1738) und Pompeji (1748) gaben erste künstlerische Anregungen für die westliche Welt. Die Meissener Manufaktur fertigte in jener Zeit sogar Tassen in Gestalt kleiner korinthischer Tempel, wobei man dabei mittels des Kaffees symbolisch geistige Anregung aus der Antike genoß.

Klassizistisches Tintengefäß mit Rosenmalerei

Aus dem Service mit dem Schwanenhalshenkel, Dekor
»Voller grüner Weinkranz« von Johann Samuel Arnhold

Ein »Evergreen« auf Porzellan

Die Dekoration, deren korrekte Bezeichnung »Voller grüner Weinkranz« lautet, entstand im Jahre 1817 in der Meissener Manufaktur als chromoxidgrüne Unterglasurmalerei. Der Dekorgestalter war Johann Samuel Arnhold (1766–1828), ein Blumen- und Landschaftsmaler. Für die neue chromoxidgrüne Farbe wurden ca. 60 Dekorentwürfe geschaffen – nur einer wurde ein »Evergreen«! Die Gefäßform der Hochgefäße ist die antike Amphora, die Schwanenhalshenkel verweisen symbolisch auf Apollon, den Gott der Musen und der Dichtkunst. Die Servicegestaltung ist somit eine Verehrung der Antike im Verständnis bürgerlicher Künstler des frühen 19. Jahrhunderts. Mit dem Motiv des Kranzes ehrte der Künstler gleichsam die griechische Amphorenform. Diese Service wurden vorwiegend für bürgerliche Käuferschichten gefertigt. Im Laufe der Jahre avancierten Form und Dekoration zum elegant-klassischen Service; auch auf den tradierten Formen des 18. Jahrhunderts entfaltete diese Dekoration ihren Reiz. Der »Weinlaub«-Dekor wurde schließlich populär; heute gilt er als ausgesprochene sächsische Spezialität, zumal die Farben Weiß und Grün seit 1815 die Landesfarben sind.

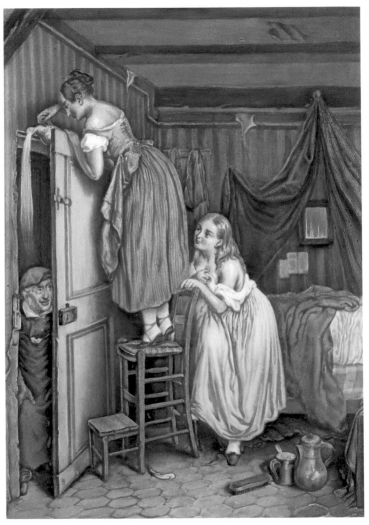

Lithophanie »Die bestrafte Neugierde« nach einer zeitgenössischen Bildvorlage

Das leuchtende Bild

Im Jahre 1827 wurde in Paris ein Verfahren zur Herstellung von Lithophanien aus Porzellan, d.h. durchscheinende Porzellanplatten mit bildlichen Darstellungen entwickelt. 1828 fertigte auch die Berliner und schließlich auch die Meissener Manufaktur solche reizvolle »Licht-Bilder«. Lithophanien sind dünne, unglasierte Porzellanplatten, in die bildliche Darstellungen reliefartig so eingearbeitet werden, daß im durchscheinenden Licht die mannigfaltigsten Abstufungen des Bildes in Erscheinung treten. Lithophanien gibt es in undekorierten (weißen) und dekorierten (farbigen) Ausführungen. In der Biedermeierzeit wurden sie als Fensterschmuck, Lichtschirme und Lampenglocken verwendet. Als Gestaltungsvorlagen dienten Gemälde und Stiche alter und zeitgenössischer Künstler. Es entstand eine Synthese aus technisch reproduziertem Kunstwerk und Gebrauchsgegenstand (Lichtquelle). Um 1830 wurden in der Meissener Manufaktur 172 Motive, im Jahre 1846 bereits 196 Motive und wiederum fünf Jahre später mehr als 220 Motive als Lithophanien hergestellt. Auf der Londoner Weltausstellung im Jahre 1851 zollte man den Meissener Lithophanien ob ihrer Kunstfertigkeit höchste Anerkennung. Nach 1860 kamen die künstlerisch gestalteten Lichtbilder aus der Mode, und die Meissener Manufaktur stellte die Herstellung ein. Einige thüringische, englische, dänische und nordamerikanische Hersteller spezialisierten sich jedoch auf Lithophanien.

Zur Hochzeit:
Streublümchen

Die Dekoration »Gestreute Blümchen« bzw. »Streublümchen« gehört in das Genre der Meissener Manierblumen-
malerei. Die Kleinteiligkeit der Malerei charakterisiert sie als
Kreation der Biedermeierzeit (ca. 1818–1848). Die Dekoration lebt und fasziniert durch die scheinbare Improvisation
des Dahingestreutseins der Blümchen, sie assoziiert Leichtig-
keit, heitere Anmut und beinhaltet nahezu gleichnishaft den
Brauch des Blumenstreuens zur Hochzeit. Die Meissener Porzellangestaltungen während der Biedermeierzeit spiegelten
vor allem die Lebensbedingungen und Wertvorstellungen der
bürgerlichen Gesellschaft mit ihren schlichten, sachlichen
Wohnräumen und deren Sinn für Natürlichkeit sowie Emp-
findsamkeit. Das Motiv der gestreuten Blümchen erscheint zu
dieser Zeit auch in der Mode (z.B. auf Herrenwesten), in der
Textilgestaltung (z.B. als Dekor von Möbelbezugsstoffen) und
in der Glasgestaltung. Der Maler Georg Friedrich Kersting
(1785–1847) war von 1818 bis 1847 an der Meissener Porzellan-Manufaktur als Leiter der Malerabteilung tätig. Sein
künstlerischer Einfluß trug wesentlich zur niveauvollen Gestaltung der Gebrauchsporzellane sowie zur Entwicklung
solcher zeittypischen Dekore bei. Wurden ursprünglich die
»Streublümchen« nur auf klassizistische und biedermeier-
liche Gefäßformen gemalt, so wählte man später auch die
Kaendlerschen Formen des 18. Jahrhunderts für diesen Dekor.

Teile aus einem Kaffeeservice mit dem Dekor »Streublümchen«

Wandschale mit einer antikisierenden »pâte-sur-pâte«-Malerei

Pâte-sur-pâte:
Wie ein geschnittener Stein

Entwickelt wurde die europäische »pâte-sur-pâte«-Malerei 1849 an der französischen Porzellanmanufaktur Sèvres. Die Nachahmung einer chinesischen Seladonvase führte zur Wiederentdeckung dieser Schlickermalerei. Sèvres konnte bereits 1851 auf der Londoner Weltausstellung eine seladongrüne Vase mit weißen »durch den Pinsel in Relief aufgetragenen Figuren« ausstellen. Meissener Keramtechniker studierten die »Schlickermalerei« von Sèvres auf der Londoner Weltausstellung von 1862. Diese spezielle Maltechnik wurde schließlich von dem Meissener Chemiker Dr. Julius Heintze für die Anwendung des Meissener Hartporzellans modifiziert. Mit einer umfangreichen Palette von Scharffeuerfarben für das Hartporzellan, die er wenige Jahre später entwickelte, hatten die Meissener Maler den Vorteil, die Malerei auf den bereits farbig angelegten Gefäßkörper auftragen zu können. Das ästhetische Raffinement dieser Malerei besteht darin, daß die Fondfarbe des Gefäßkörpers durch das hauchzarte gemalte Relief hindurchscheint. Die flüssige Porzellanmasse (Schlicker) muß mit dem Pinsel lagenweise gemalt werden. Nicht zufällig gelang die Erfindung und Weiterentwicklung dieser Dekoration im Zeitalter des Historismus, als man bemüht war, die kunsthandwerklichen Fertigkeiten vergangener Stilepochen wiederzubeleben und zu erweitern, zu vervollkommnen, um den kostbaren Charakter der Porzellanmalerei zu veranschaulichen.

Modelleur aus der Serie »Manufakturisten«
von Karl Theodor Eichler

20. JAHRHUNDERT

Von der Königlichen Manufaktur
zum Staatsbetrieb

Zu Beginn des 20. Jahrhunderts setzten die Vorbereitungen zur Pariser Weltausstellung von 1900 richtungsweisende Impulse – der Jugendstil gewann Einfluß auf die Meissener Porzellane in Formgebung und Dekoration. Zwischen 1903 und 1905 entwarfen Henry van de Velde und Richard Riemerschmid zeitgenössische Service für MEISSEN. Der Gestaltungsleiter Erich Hösel motivierte kreative Manufakturisten für das moderne Schaffen und recherchierte das traditionelle Erbe der Manufaktur, befreite die Modelle von historisierenden Zutaten und »Verschönerungen«. Max Adolf Pfeiffer (1875–1957) prägte zwischen 1918 und 1933 wesentlich das Meissener Porzellanschaffen, indem er die moderne Kunstentwicklung förderte und höchste Qualitätsmaßstäbe für die traditionellen Porzellane anlegte. Max Esser, Ernst Barlach, Gerhard Marcks und Paul Scheurich waren freischaffend für die Meissener Manufaktur tätig. Nach dem 2. Weltkrieg begann eine Entwicklung des Meissener Porzellans, die für beide Gesellschaftssyteme akzeptabel war. Ab 1960 setzte eine künstlerische Erneuerungsbewegung ein, die von Ludwig Zepner, Peter Strang, Heinz Werner, Rudi Stolle und Volkmar Bretschneider geprägt wurde. Atelierserien, Unikate und Wandbilder betonen den Aspekt individueller Gestaltung von Porzellanen in manufactureller Herstellung.

Kinderfiguren von Konrad Hentschel

Kinder ohne Koketterie

Die Kinderfiguren von Konrad Hentschel (1872–1907) werden seit nunmehr über 85 Jahren ständig gefertigt. Aufgrund ihrer frappierenden Natürlichkeit wurden sie niemals altmodisch, der Künstler gestaltete sie absichtsvoll frei von zeitbezogenen moralischen Ansprüchen. Sie wollen nicht gefallen, keine der Figuren sieht den Betrachter fordernd oder kokett an, diese Kinder sind ganz in ihr Spiel versunken, keines ist schön herausgeputzt. Mit 14 Jahren besuchte Konrad Hentschel die Zeichenschule und anschließend die Modellierklasse der Manufaktur, um den Beruf des Modelleurs zu erlernen. Von 1891 bis 1893 studierte er an der Münchener Kunstakademie, danach war er als Modelleur an der Manufaktur tätig. Ein Studium an der Dresdener Kunstakademie bei Prof. Diez und Prof. Epler schloß sich von 1899 bis 1901 an. Im Jahre 1896 begann die Kunstrichtung des Jugendstil gestalterisch auf das Meissener Porzellan Einfluß zu nehmen. Im Rahmen eines Wettbewerbes entwarf der 24jährige Konrad Hentschel das berühmte »Krokus-Dejeuner«, wobei er sich beim plastischen Aufbau der Gefäße und bei der Dekoration von der Krokusblüte inspirieren ließ. Das Service erfuhr auf der Pariser Weltausstellung 1900 große Beachtung. Die Manufaktur begann den akademischen Historismus zu überwinden, Konrad Hentschel hatte an dieser Entwicklung wesentlichen Anteil. Seine Kinderfiguren gingen als »Hentschel-Kinder« in das Figurenprogramm der Manufaktur ein.

Das Wesen des Tiers

In den Jahren 1903 bis 1905 machten sich die Einflüsse der modernen skandinavischen Tierplastik mit ihren weichen Scharffeuerfarben auch auf die Meissener Manufaktur bemerkbar, sie wurden als vorbildlich bewertet, man orientierte sich an ihnen. Im Vordergrund der Gestaltung stand die künstlerische Darstellung der Tierpsyche. Vor 1910 hatte sich eine Gruppe junger Künstler in der Meissener Manufaktur gebildet, die diese neuen künstlerischen Aspekte in das Meissener Porzellan einzubringen versuchten. Zu dieser Künstlergruppe gehörten Rudolf und Konrad Hentschel, Phillip Lange, Alfred König, Theodor Eichler, Arthur Barth, Paul Richter, Otto Eduard Voigt und der herausragende Tierbildner Paul Walther. Letzterer war 1876 in Meißen geboren, von 1891 bis 1895 besuchte er die Zeichenschule der Manufaktur, bis 1899 lernte er den Beruf des Drehers/Formers und des Bossierers. Neben seiner beruflichen Arbeit begann er ohne Auftrag kleinere Tierfiguren zu modellieren. Prof. Erich Hösel (1869–1953), seit 1903 Leiter der Gestaltungsabteilung, wurde auf den jungen Paul Walther aufmerksam und förderte dessen Begabung. Ab 1907 war Paul Walther in der Modellabteilung tätig. Bis zum 1. Weltkrieg entstanden 100 Modelle, nach 1920 schuf er vorwiegend repräsentative Großplastiken, von 1927 an beschäftigte er sich auch mit dem braunen »Böttgersteinzeug«. Paul Walther schuf insgesamt 196 Modelle.

Pfefferfresser (Tukan) von Paul Walther

Geboren aus der Welt der Musik und des Theaters

Die »Figuren aus dem Russischen Ballett«, namentlich aus dem Ballett »Karneval«, nach Robert Schumanns Klavierzyklus »Carnaval«, op. 9 (1834/35), inszeniert von Sergej Diaghilews »Ballets Russes«, waren im Jahre 1912 der Auftakt der künstlerischen Arbeiten Paul Scheurichs (1883–1945) für die Meissener Manufaktur. Es waren die Figuren »Pierrot«, »Harlekin und Columbine«, »Estrella«, »Chiarina« und »Eusebius«. Die Einzelfigur des »Harlekin« (auch »Bajazzo«) entstand erst 1918. Im gleichen Jahr kam es zu einem Exklusivvertrag zwischen dem Künstler und der Manufaktur, in dem eine freie künstlerische Tätigkeit für Scheurich vereinbart wurde. Im nachfolgenden Zeitraum von 20 Jahren entstanden insgesamt 111 Arbeiten: Plastiken, Gefäße, Reliefs, Dekore, Staffagen und Plaketten. Wesentlich für Scheurichs Arbeiten sind die grazile Plastizität seiner Figuren, die dezente, andeutende farbige Staffage und die heitere, sinnliche Ausstrahlung der von ihm geschaffenen Porzellane. Den größten internationalen Erfolg errang Paul Scheurich 1937 auf der Pariser Weltausstellung, als sechs seiner Plastiken mit dem Grand Prix ausgezeichnet wurden. Scheurich war auch als Maler, Bildhauer, Illustrator, Zeichner, Kostüm- und Bühnengestalter tätig. 1995 jährte sich der 50. Todestag des Künstlers; er gilt als der kreativste und sensibelste Künstler des Porzellans in der 1. Hälfte des 20. Jahrhunderts.

»Chiarina«, eine der »Figuren aus dem Russischen Ballett«
von Paul Scheurich

Vom Tagewerk der »Porzelliner«

Im Jahre 1919 setzte der Porzellangestalter Theodor Eichler (1868–1946) den Meissener »Porzellinern« in Gestalt von elf Kleinplastiken ein einmaliges »Denkmal«, in dem er ihre tagtägliche Arbeit bildkünstlerisch darstellte. Der konkrete Anlaß zu seinen modernen Figurengestaltungen war der 200. Todestag Johann Friedrich Böttgers, des Erfinders des europäischen Porzellans. Eichler schuf jedoch kein Denkmal, kein Erinnerungsmedaillon, keine Büste oder gar eine historisierende Figurengruppe, sondern er zeigt vielmehr – und das ist das Originelle –, wie die Erfindung Böttgers durch die traditionsreiche Arbeit der »Porzelliner« weiterlebt, wie Meissener Porzellan zu Eichlers Zeit gefertigt wurde. Dabei berücksichtigt der Künstler in seinen Figuren alle wesentlichen Arbeitsbereiche der Manufakturisten und bewertet deren Tätigkeiten offensichtlich gleichberechtigt, wohl wissend, daß die Meissener Porzellane nicht die Werke einzelner Künstler sind, sondern daß sie nur in gemeinsamer und verantwortungsbewußter Arbeit entstehen können. Theodor Eichler ist damit der einzige Künstler in der Manufakturgeschichte, der im Stil seiner Zeit die Arbeit der »Porzelliner« bildkünstlerisch würdigte. Mit Humor und Hintersinn schuf Eichler ein ästhetisches Zeitdokument der Arbeit seiner Künstlerkollegen im Genre der Meissener Kleinplastik.

Blaumaler aus der Serie »Manufakturisten«
von Karl Theodor Eichler

Vom Klang der Porzellanglocken

Bereits 1731 wurde versucht, Glocken aus Meissener Porzellan herzustellen, bis 1736 experimentierte man, um einigermaßen brauchbare Glocken zu erhalten. In Schüssel-, Kummen- und Becherformen entstanden schließlich 700 Klangkörper, von denen 52 für ein Glockenspiel in Betracht kamen, das am 22. 9. 1737 im Japanischen Palais in Dresden eingeweiht wurde, wenn auch als mißtönender Erfolg. 1740 schuf Kaendler ein aus 48 Porzellanglocken bestehendes Tischglockenspiel für Heinrich Graf von Brühl, ein Jahr darauf ein ähnliches für dessen Gemahlin. Danach stellte man die Herstellung der Porzellanglockenspiele ein, nur Tischglocken wurden noch gefertigt. Porzellanglocken zu machen war kompliziert, da man viele Glocken herstellen mußte, um – unter günstigen Bedingungen – die mit den gewünschten Tonhöhen zu erhalten. Erst in den 20er Jahren unseres Jahrhunderts entwickelte der an der Meissener Manufaktur tätige Formgestalter, Plastiker, Dekorgestalter und Medailleur Emil Paul Börner (1888–1970) eine Herstellungstechnologie, die Porzellanglocken abstimmbar machte: Am Glockenrand ließ er eine unglasierte Zone, die man abschleifen konnte, bis die entsprechende Tonhöhe erreicht war. Für die »Frauenkirche« am Meißener Markt wurde anläßlich der Tausendjahrfeier der Stadt im Jahre 1929 ein Glockenspiel aus 37 Glocken gefertigt, mit denen sechs Choräle intoniert werden können. Es erklingt noch heute täglich.

Porzellanglocke von Emil Paul Börner

*Figuren aus »Die Hochzeit des Mackie« von Peter Strang (Form)
und Heinz Werner (Staffage)*

Eine Hochzeit in Soho

Bertolt Brechts und Kurt Weills »Dreigroschenoper«, 1928 im Theater am Schiffbauerdamm uraufgeführt, führte 1967 den Porzellanplastiker Peter Strang (geb. 1936), den Formgestalter Ludwig Zepner (geb. 1931) und den Maler Heinz Werner (geb. 1928) zu Brechts Frau, Helene Weigel, die ihnen u.a. auch von Brechts Leidenschaft für das Spielen mit Zinnfiguren erzählte. So kam man auf die Idee, die Hochzeit des Macheath, genannt Mackie Messer, mit Polly Peachum, der Tochter des Londoner Bettlerkönigs, in einem drapierten Pferdestall in Soho in Meissener Porzellan als große variable Mehrfigurengruppe zu gestalten. Die Künstler entschlossen sich zu einer offenen Komposition aus allansichtigen Einzelfiguren ohne festen Standort, lediglich zusammengefaßt durch einen gestalteten Vorhang, wobei lange, dünne Kerzen eine Art Bühnenlicht über den Figuren schaffen sollten. Peter Strang, der die plastische Gestaltung der sechs Figuren übernahm, favorisierte abstrahierte Formen mit bewußter Reduzierung von Details, außer bei Gesichtern und Händen. Die farbige Staffage schuf Heinz Werner: ausschließlich in Maronbraun die Kleidung des Bräutigams, des Pfarrers und der drei Hochzeitsgäste; ein wenig Gold, Seegrün und Blau für die Teller auf dem Tischtuch. Im Mittelpunkt steht die grazile Figur der Braut, geschmückt nur mit dem Weiß der Porzellanglasur. Diese Gestaltung fand auch bei Helene Weigel Gefallen.

*Dekor »Märchen aus Tausendundeiner Nacht« von Heinz Werner
auf einer Schale der Form »Großer Ausschnitt«*

Orientalischer Märchenzauber

Die Dekoration mit der poetischen Bezeichnung »Tausend-
undeine Nacht« wurde erstmals im Jahre 1969 von Heinz
Werner (geb. 1928) in einer grafischen Version gestaltet und
dann, als die Serviceform »Großer Ausschnitt« (1973 von Ludwig Zepner) vorhanden war, von 1974 an in einer malerischen
Fassung ausgeführt. Die Figuren zeichnen sich nunmehr
durch größeren Bewegungsreichtum aus, sie agieren graziös
und locker in einer üppig ausgestatteten orientalischen Um-
gebung, die sowohl Innenräume als auch Landschaften an-
deutet. Der Farbauftrag mit dem Pinsel ist ausgesprochen
schwungvoll und leicht; es entstand eine moderne Porzellanmalerei voller Phantasie und Heiterkeit. Die Wahl des Sujets
steht in Verbindung mit den Traditionen des 18. Jahrhunderts,
denkt man an die reizvollen szenischen Malereien Höroldts
aus dem Leben der Chinesen und Japaner (»Chinoiserien«).
Zum Zeitpunkt des Entstehens war diese Dekoration auch
Ausdruck eines Rückzugs in gesellschaftlich unverfängliche
Bereiche der Märchenwelt. Die vielfältige Pracht der orientalischen Märchen bot der Phantasie des Malers einen freien
Spielraum. In Verbindung mit den großzügigen Serviceform-
men entstand eine künstlerische Qualität, die höchste Maß-
stäbe setzt. Mit Sicherheit wird diese Dekoration längere Zeit
überdauern, da sie voll heiteren Lebensgefühls ist und gleich-
zeitig die exklusive Meissener Malkultur veranschaulicht.

Des Meeres ewiges Spiel

Obwohl man meinen könnte, daß in Formfindung und Dekorgestaltung auch bei MEISSEN längst schon alle Register gezogen worden sind, wird man mitunter doch eines besseren belehrt, vor allem, wenn eine Komposition entstanden ist, die wahrlich als »Sternstunde« des modernen Meissener Porzellans bezeichnet werden kann: Bei der Formgebung mit dem Namen »Wellenspiel«, geschaffen 1995/96 von Sabine Wachs, mit einer faszinierenden Oberflächenstruktur von Jörg Danielczyk und verschiedenen Dekoren von Gudrun Gaube, Christoph Ciesielski, Andreas Herten, Wolfgang Krause und Sabine Wachs, hat die ästhetische Assoziation zu bewegtem Wasser, zum Meer, zu Brandung und Wellen, Sand und Licht eine besondere Bedeutung. Neben dieser Glücksempfindungen assoziierenden Sinnebene fügt sich die oberflächenreliefierte Gestaltungsvariante auch in die traditionsreiche Geschichte des Meissener Porzellans ein, denn nicht nur das berühmte Schwanenservice mit der Muscheln nachempfundenen Oberfläche, sondern auch Reliefierungen wie »Ozier«, »Marseille«, »Gotzkowsky« usw. sind Formfindungen des 18. Jahrhunderts, die im Stile der Zeit bestimmte Empfindungen ausdrückten.

Die Formgestaltung »Wellenspiel« (reliefiert und unreliefiert) bringt ebenso sensibel wie luxuriös heutige Befindlichkeit zur Anschauung: Porzellan als Teil unserer Kultur, Meissener Porzellan als Ausdrucksträger zeitgenössischer Schönheit, geboren aus feinfühliger Naturbeobachtung und raffinierter Gestaltungskunst.

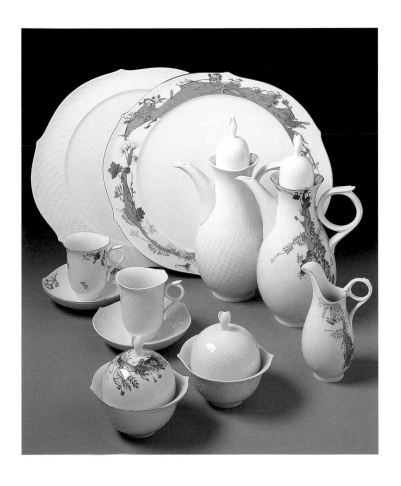

*Serviceteile der Form »Wellenspiel«, mit und ohne Relief,
weiß und mit dem Dekor »Florale Ranke« von Gudrun Gaube*

Literaturverzeichnis

DÄMMIG, HELMUT: *Meißner Porzellanglockenspiele.* Meißen, 1987

JEDDING, HERMANN: *Kostbar durch Pâte sur pâte.* In: Weltkunst, München, 1989, H. 23

KRIEGER, HANS: *Meissener Schachfiguren. Anmerkungen zu ihrer Geschichte.* In: Meissener Manuskripte, Meißen, 1994, Sonderheft VI

KUNZE, JOACHIM: *Lithophanien der Meissener Porzellanmanufaktur.* In: Keramos, Düsseldorf, 1981, H. 92

Meissener Blaumalerei aus drei Jahrhunderten. Herausgegeben von Klaus-Peter Arnold und Verena Diefenbach. Ausstellungskatalog. Ausstellung vom 3.3.–29.7.1989 in Dresden und vom 16.9.–12.11.1989 in Hamburg. Leipzig, 1989

Meissener Konturen. Porzellane von Ludwig Zepner, Heinz Werner, Peter Strang, Rudi Stolle, Volkmar Bretschneider. 1960 bis 1990. Ausstellungskatalog. Ausstellung im Museum des Kunsthandwerks Leipzig, Grassimuseum, vom 21.9.1991–19.1.1992 und im Keramion-Museum für zeitgenössische Kunst, Frechen, vom 16.2.–5.4.1992. Leipzig, 1991

MENZHAUSEN, INGELORE: *Alt-Meißner Porzellan in Dresden.* Berlin, 1988; 1989 (2. Aufl.)

RAFAEL, JOHANNES: Paul Scheurich: *Ballettfiguren.* In: Keramos, Düsseldorf, 1995, H. 148

REINHECKEL, GÜNTER: *Prachtvolle Service aus Meissner Porzellan.* Leipzig, 1989; Stuttgart, 1990 (unter dem Titel »Meissener Prunkservice«)

RÜCKERT, RAINER: *Meißener Porzellan 1710–1810.* Ausstellung im Bayerischen Nationalmuseum München. München, 1966

SONNTAG, HANS: *Die Affenkapelle aus Meissener Porzellan.* Frankfurt a. M./Leipzig, 1993

SONNTAG, HANS: *Die Botschaft des Drachen. Ostasiatische Glückssymbole auf Meissener Porzellan.* Leipzig, 1993